Tarot voor creatieven

TAROT VOOR CREATIEVEN

21 tarotleggingen
om jezelf te (her)verbinden met je intuïtie
en je creatieve vonk te ontvlammen

Mariëlle S. Smith

Creativiteit kun je niet opmaken.
Hoe meer je ervan gebruikt, hoe meer je hebt.

Maya Angelou

VOORWOORD

Welkom bij *Tarot voor creatieven*, een boek met eenentwintig tarotleggingen om schrijvers en andere creatieven (verder) op weg te helpen en (weer) in contact te brengen met hun muze.

Tarot voor creatieven bevat kaartleggingen over verschillende onderwerpen zoals beperkende overtuigingen, creatieve hindernissen, het koesteren van de muze, welke richting in te slaan, de roeping van de ziel, welk project prioriteit verdient en nog veel meer. *Tarot voor creatieven* is er voor alle creativelingen die verbinding willen maken met hun intuïtie voor begeleiding op hun creatieve pad.

Hoewel ik deze kaartleggingen tarotleggingen heb genoemd is er geen enkele reden waarom je geen andere vorm van divinatie kan of mag gebruiken om de vragen te beantwoorden. Kies je favoriete orakel- of engelenkaarten (ik heb beide gebruikt met de kaartleggingen die in deze uitgave zijn opgenomen), gebruik je kristallen of probeer het met je runenstenen. Kies vooral wat jou aanspreekt. Wil je tijdens het doen van een kaartlegging verschillende methoden door elkaar gebruiken, doe dat dan vooral.

INTRODUCTIE

Voor mij gaat het kaartlezen minder over divinatie—het kijken in de toekomst—dan over het (her)verbinden met mijn intuïtie. Dat wil niet zeggen dat ik nooit vragen over de toekomst stel. Ik bezit tarot-, orakel- en engelenkaarten en zal ze alles vragen wanneer passend binnen de context. Van de meest waarschijnlijke uitkomst wanneer ik dit of dat pad bewandel tot wat een bepaald project me zou kunnen brengen.

Toch gebruik ik mijn kaarten liever om te begrijpen wat er *op dit moment* aan de hand is. Wat zou ik *nu* kunnen doen (om daar te komen waar ik wil zijn of om het beste van een situatie te maken)? Wat moet ik weten over de situatie waar ik mij *op dit moment* in bevind (voor ik er mee verder ga of het achter me laat)? Met andere woorden, ik heb de neiging mijn kaarten te gebruiken om me bewust te worden van het moment en af te stemmen op mijn gevoel.

Alles dat we moeten weten, weten we al, helemaal wanneer het gaat om het moment waarin we ons nu bevinden. We zijn simpelweg vergeten dat we dat doen. De meesten van ons zullen van jongs af aan hebben geleerd om onze intuïtie te negeren. En niet enkel door onze ouders, onderwijzers en leeftijdsgenoten. Het stilstaan bij jezelf en afleren van wat je is verteld zodat je kan terugkeren naar datgene dat je van binnen altijd al wist, wordt door veel samenlevingen niet bepaald aangemoedigd. Laten we wel wezen, de meeste samenlevingen gedijen er juist bij dat we niet in verbinding staan met onze intuïties. De wereld zou er niet zo uitzien als vandaag als we allemaal op een lijn zaten met onze onderbuik en ernaar zouden handelen.

De oorsprong van onze creativiteit bevindt zich letterlijk in de onderbuik, maar toch zijn zoveel van mijn creatieve cliënten ver verwijderd van hun intuïties. Het lijkt misschien tegenstrijdig, maar dat is het niet. Dat we hebben geleerd om onze intuïtie te negeren en onszelf ervan los te koppelen betekent niet dat geen enkel bericht ooit doorkomt. Dat doen ze namelijk wel. Het probleem is alleen dat ons is aangeleerd om dit soort signalen in twijfel te trekken, omdat ze vaak niet rationeel te verklaren zijn. Dit is waarom de meesten van ons, in een poging om te rationaliseren wat we voelen of van binnen weten, uiteindelijk de innerlijke wijsheid en die creatieve vonk—die exact dezelfde oorsprong hebben—negeren.

Wanneer je jarenlang je intuïtie en creatieve impulsen hebt onderdrukt en ontkend, wordt het steeds moeilijker om je hier weer bewust op af te stemmen. Ik gebruik het woord 'bewust' omdat, zoals ik in de vorige paragraaf al zei, we nooit volledig zijn afgesloten van onze intuïtie. Het zal ons altijd blijven aanspreken, en des slechter we ernaar luisteren, des te luider zal het gaan schreeuwen. Echter, tegen die tijd hebben we onszelf er wellicht reeds van overtuigd dat dit nou precies de stem is die we moeten negeren in plaats van te omarmen.

Dit is waar voor mij de kaarten een rol spelen. Mijn kaarten vertellen me bijna nooit iets waarvan ik me, op een bepaald niveau, nog niet bewust was. (Wanneer ze dat wel doen was dat achteraf gezien vaak omdat ik nog niet klaar was een bepaald deel te begrijpen of omdat ik te koppig was om de boodschap te horen.) Maar waar mijn kaarten me heel goed bij helpen is de vraag: welke van de verschillende boodschappen die er nu door mijn hoofd gaan is de mijne? Ze helpen me onderscheid te maken tussen wat ik denk dat ik weet—omdat anderen me dat zo verteld hebben—en wat ik eigenlijk weet, diep vanbinnen. Kaarten, en hetzelfde geldt voor andere divinatiemethoden, zijn een hulpmiddel om het ego, en al het andere dat tussen jou en je innerlijke stem staat, te omzeilen.

Het is met dit doel in het achterhoofd dat *Tarot voor*

creatieven is gecreëerd: om creatieven, of ze nu schrijven, schilderen, breien, quilten, mozaïeken, tekenen, tatoeëren, beeldhouwen, fotograferen, enzovoort, te helpen zich te (her)verbinden met hun intuïtie wanneer ze worden geconfronteerd met creatieve strubbelingen. Of je nu worstelt met beperkende overtuigingen, probeert te achterhalen wat je creatieve sterke en zwakke punten zijn, je groove bent kwijtgeraakt, aan het wedijveren bent met je project of je muze mist: dit boek biedt je de juiste kaartlegging om je opnieuw af te stemmen op je eigen stem.

Zoals ik al zei in het 'Voorwoord', raad ik je ten zeerste aan om altijd te gebruiken wat op dat moment goed voelt, of dat nu tarot-, orakel- of engelenkaarten, runen of kristallen zijn, of een combinatie van dat alles of iets geheel anders. Mocht je de neiging hebben een vraag te herformuleren of de kaarten in een andere volgorde te plaatsen, doe dat dan. De kaartleggingen in dit boek dienen slechts één doel en dat is je creatieve zelf te bevrijden. Laat jezelf alsjeblieft op geen enkele manier door hen beperken.

INHOUDSOPGAVE

1
BEPERKENDE OVERTUIGINGEN

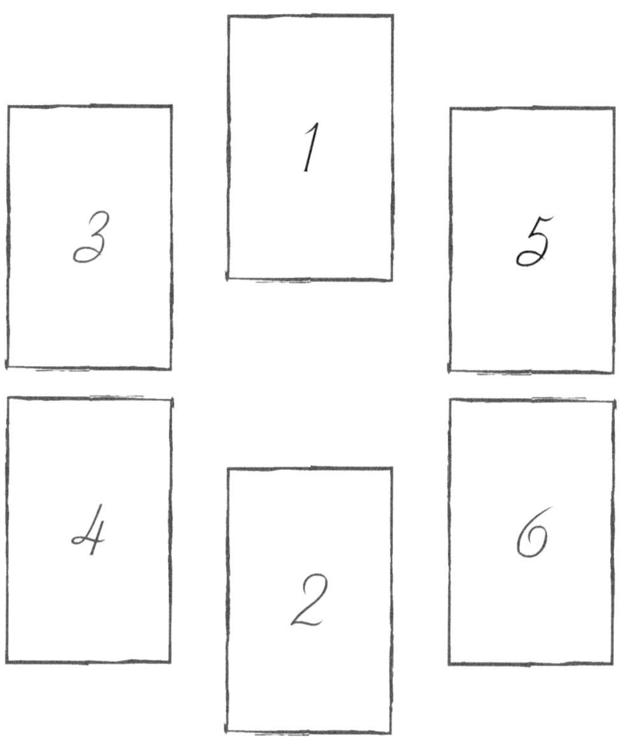

1. Welke beperkende overtuiging over creativiteit steekt
momenteel de kop op?

2. Waar komt deze overtuiging vandaan?

3. Waarom houd ik vast aan deze overtuiging?

4. Wat is de meest waarschijnlijke uitkomst wanneer ik
vasthoud aan deze overtuiging?

5. Wat valt er te winnen wanneer ik deze overtuiging loslaat?

6. Advies over het laten gaan van deze overtuiging.

2
CREATIEVE HINDERNISSEN

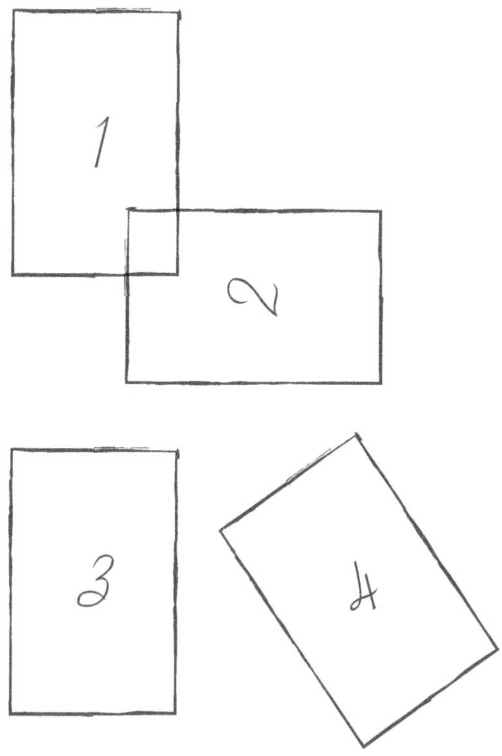

1. Wat is momenteel mijn grootste hindernis op creatief gebied?

2. Wat zie ik over het hoofd met betrekking tot dit obstakel?

3. Wat probeert dit obstakel mij te leren?

4. Wat moet ik loslaten om dit obstakel te overwinnen?

3

Creatieve sterke en zwakke punten

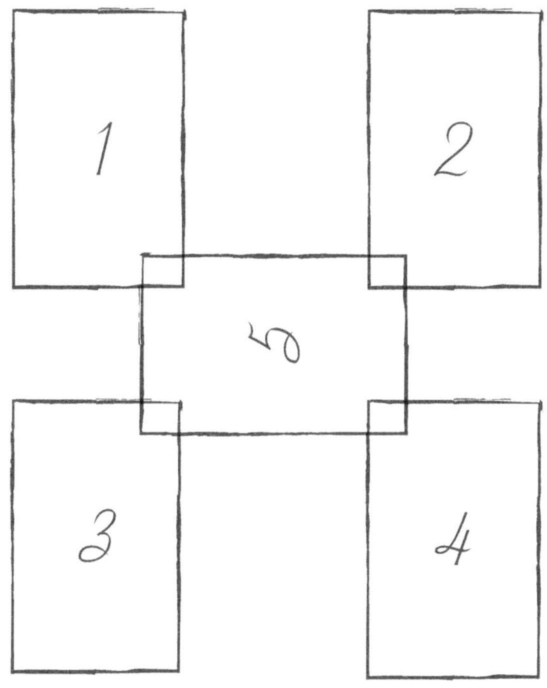

1. Wat is mijn grootste kracht?

2. Hoe kan ik deze kracht gebruiken om beperkende

overtuigingen of hindernissen te overwinnen?

3. Wat is mijn grootste zwakte?

4. Hoe kan deze zwakte leiden tot falen?

5. Hoe kan ik deze zwakke plek omtoveren tot een sterk punt?

4

DE ROEPING VAN MIJN ZIEL

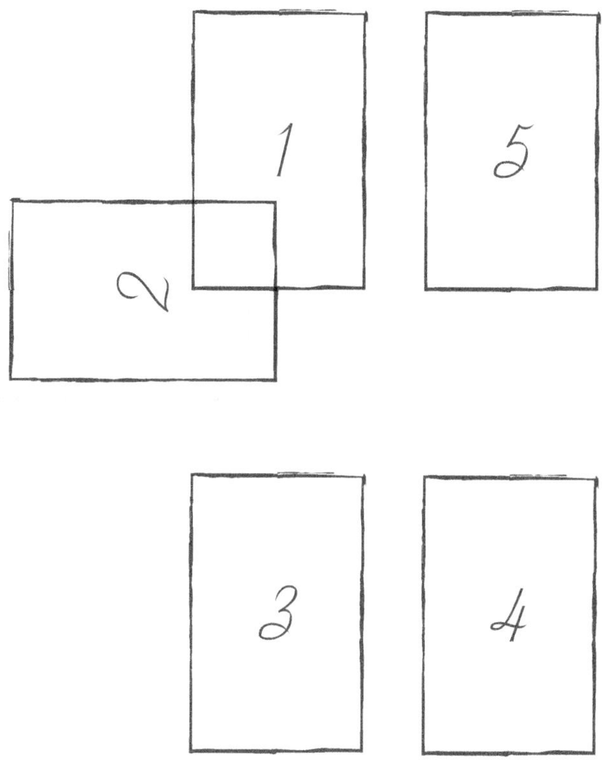

1. Welke creatie verlangt mijn ziel nu van mij?

2. Welke beperkende overtuigingen heb ik met betrekking tot dit project? (Trek meer kaarten wanneer nodig.)

3. Wat weerhoudt mij ervan mijn hart en ziel in dit project te storten?

4. Hoe kan dit project mijn ziel voeden?

5. Hoe kan dit project de ziel van anderen voeden?

5

IENE, MIENE MIENE

Prioriteiten stellen tussen twee projecten

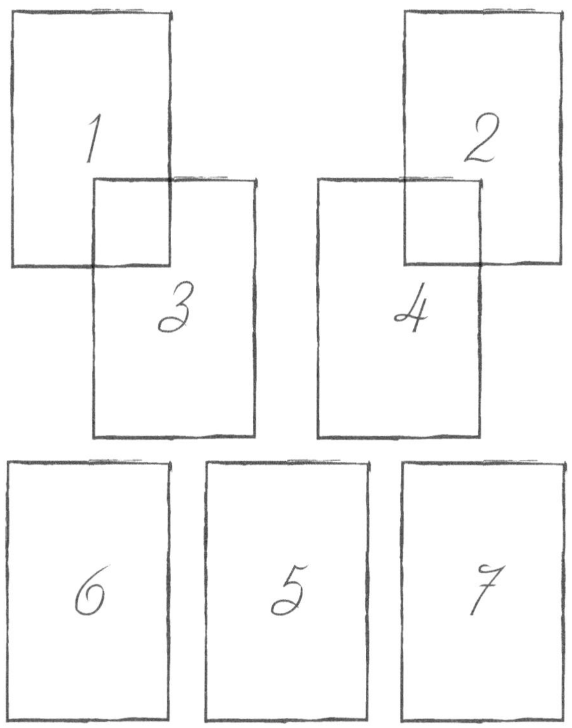

1. Wat is de energie rondom project A?

2. Wat is de energie rondom project B?

3. Waarom is project A in mijn leven?

4. Waarom is project B in mijn leven?

5. Waarom is project B nu in mijn leven gekomen?

6. Wat gebeurt er wanneer ik mij voor nu richt op project A?

7. Wat gebeurt er wanneer ik mij in plaats daarvan focus op

project B?

6

IENE, MIENE, MUTTE

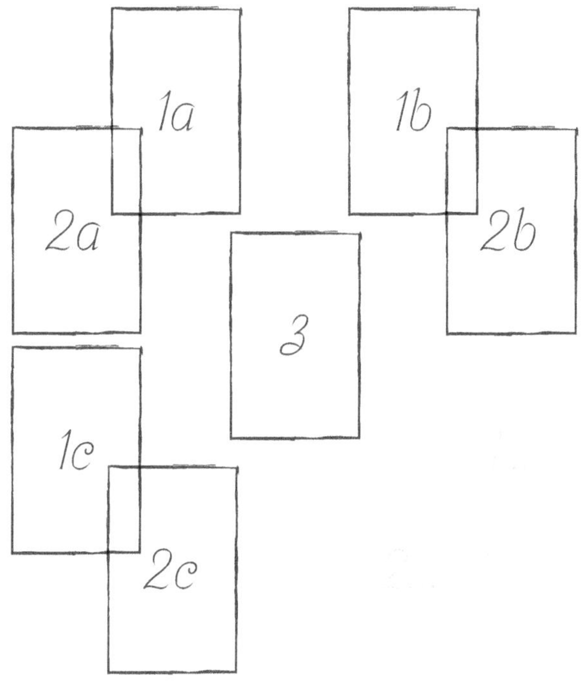

1a. Waarom is project A in mijn leven?

2a. Wat gebeurt er wanneer ik al mijn energie nu op project A richt?

1b. Waarom is project B in mijn leven?

2b. Wat gebeurt er wanneer ik al mijn energie nu op project B richt?

1c. ... 2c. ... 1d. ... 2d. ... 1e. ... 2e. ...

3. Wat moet ik in het algemeen weten over het prioriteren van projecten?

7

WAT STAAT ME IN DE WEG?

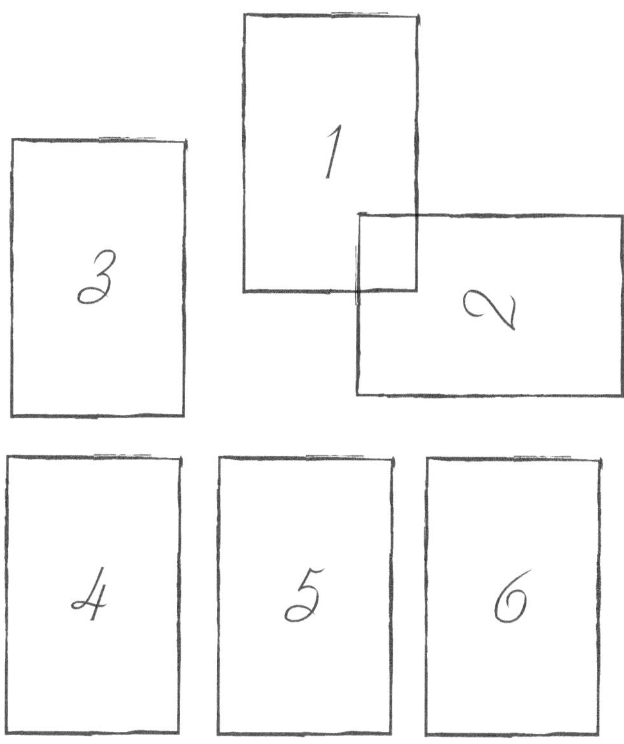

1. Beschrijf de blokkade waar ik momenteel last van heb.

2. Wat heeft deze blokkade veroorzaakt?

3. Waarom steekt deze blokkade nu de kop op?

4. Waar weerhoudt deze blokkade mij van?

5. Hoe kan ik deze blokkade verslaan?

6. Wat moet ik in het algemeen weten over het verslaan van deze blokkade?

8

Hoe kom ik weer in mijn ritme?

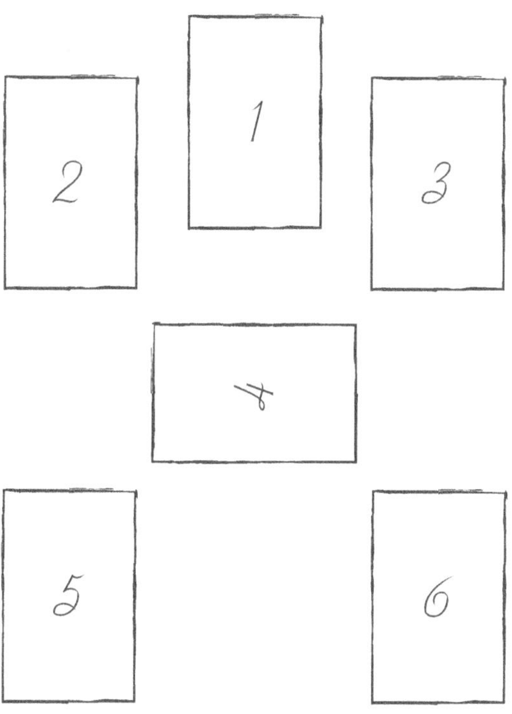

1. Hoe ben ik uit mijn ritme geraakt?

2. Welke interne factoren spelen hierbij een rol?

(Trek tot drie kaarten.)

3. Welke externe factoren verstoren mijn ritme?

(Trek tot drie kaarten.)

4. Wat zie ik over het hoofd?

5. Hoe kom ik weer in mijn ritme?

6. Wat moet ik in mijn achterhoofd houden voor de toekomst?

9

Ik heb toestemming

om te zeggen wat gezegd moet worden

1. Wat is mijn boodschap?

2. Waarom ben ik degene die deze boodschap moet
verspreiden?

3. Welk deel van mijn boodschap ben ik bang om te delen?

4. Waar komt deze angst vandaan?

5. Wat moet ik loslaten zodat ik mijn waarheid in al zijn
volledigheid kan spreken?

10

IK HEB TOESTEMMING

om te doen wat gedaan moet worden

1. Waarom is mijn creatieve werk op dit moment geen prioriteit
voor mij?

2. Wat weerhoudt me ervan om het te prioriteren – van buitenaf?

3. Hoe kan ik deze externe factoren overwinnen?

4. Wat weerhoudt me ervan om het te prioriteren – van binnenuit?

5. Hoe kan ik deze interne factoren overwinnen?

6. Wat heb ik nodig om van mijn creatieve werk een prioriteit te
maken?

7. Welke voordelen kan ik plukken van het geven van prioriteit aan
mijn creatieve werk?

11

HET IS ALLEMAAL AL EENS GEZEGD

maar niet door mij,
vanuit mijn invalshoek

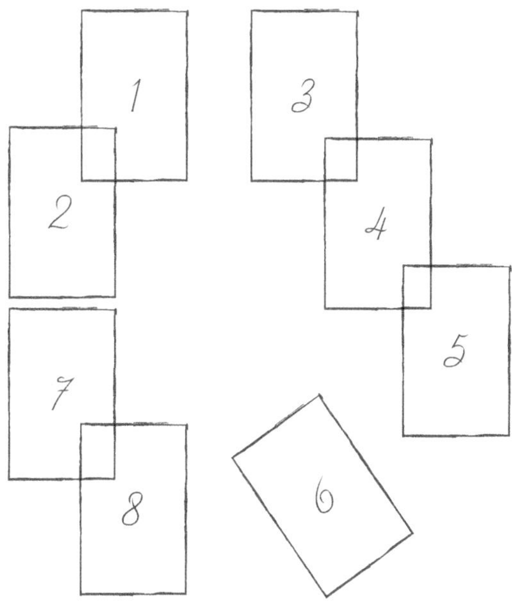

1. Waarom moet ik dit creëren?

2. Waarom voelt het alsof ik niet veel toe te voegen heb?

3. Wat is er uniek aan mijn invalshoek? (1)

4. Wat is er uniek aan mijn invalshoek? (2)

5. Wat is er uniek aan mijn invalshoek? (3)

6. Wat maakt mijn invalshoek perfect voor dit project?

7. Welke stappen kan ik nemen om mijn unieke perspectief te

leren vertrouwen? (1)

8. Welke stappen kan ik nemen om mijn unieke perspectief te

leren vertrouwen? (2)

12

HET IS ALLEMAAL AL EENS GEZEGD

*maar niet door mij,
met mijn unieke stem*

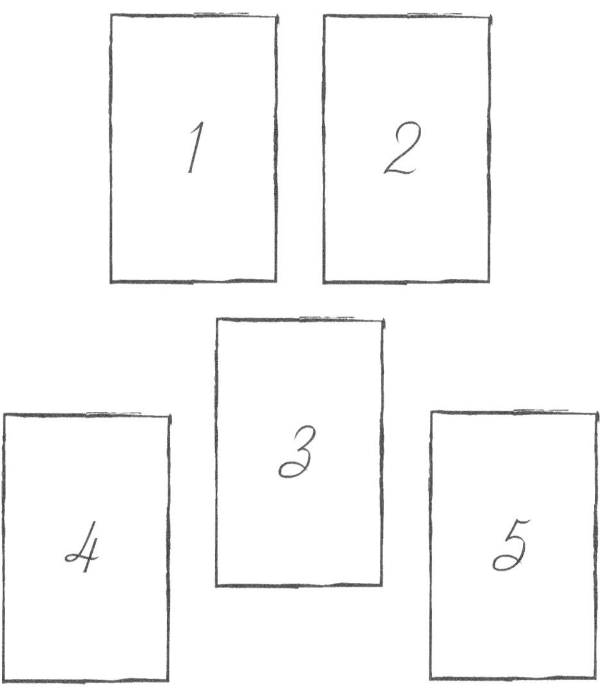

1. Wat is er uniek aan mijn stem? (1)

2. Wat is er uniek aan mijn stem? (2)

3. Hoe gaan mijn stem en het werk waar ik nu mee bezig ben samen?

4. Hoe kan ik deze twee op unieke en krachtige wijze combineren?

5. Hoe kan ik trouw blijven aan mijn eigen stem zonder me te laten raken door de angst dat het allemaal als eens gezegd is?

13

KOM weer in contact

Muze, waar zijt gij?

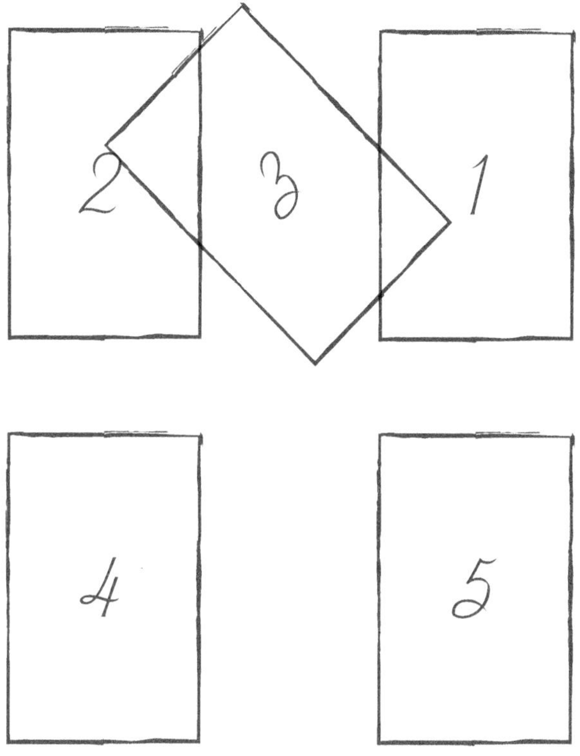

1. Waar ben ik?

2. Waar is mijn muze?

3. Waar ging het mis tussen ons?

4. Wat moet ik weten over mijn muze?

5. Wat moet ik weten of doen om weer in contact met mijn muze te komen?

14

KOESTER DE MUZE

Muze, waar zijt gij?

1. Hoe verhoud ik mij tot mijn muze?

2. Waar zit daar de zwakke plek in?

3. Waar zit daar de kracht in?

4. Hoe kan ik die zwakke plek omtoveren tot nog een kracht?

5. Wat kan ik doen om een gezonde relatie met mijn muze te creëren?

6. Wat moet ik in het algemeen weten over onze relatie?

15

LIGT HET AAN MIJ OF AAN JOU?

De ruzie

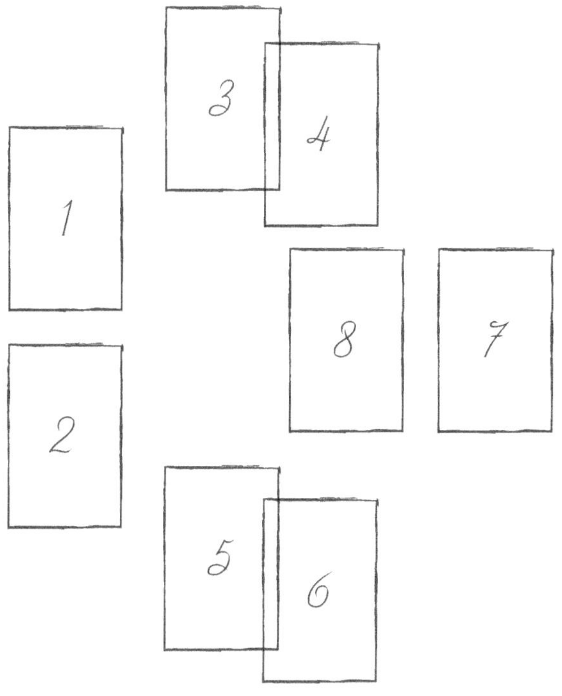

1. Waarom hebben we ruzie?

2. Hoe of wanneer is het begonnen?

3. Welke elementen binnen deze situatie zijn zichtbaar? (1)

4. Welke elementen binnen deze situatie zijn zichtbaar? (2)

5. Welke elementen binnen deze situatie zijn onzichtbaar? (1)

6. Welke elementen binnen deze situatie zijn onzichtbaar? (2)

7. Welke rol speel ik binnen deze ruzie?

8. Welke rol speelt het project binnen deze ruzie?

16

LIGT HET AAN MIJ OF AAN JOU?

De oplossing

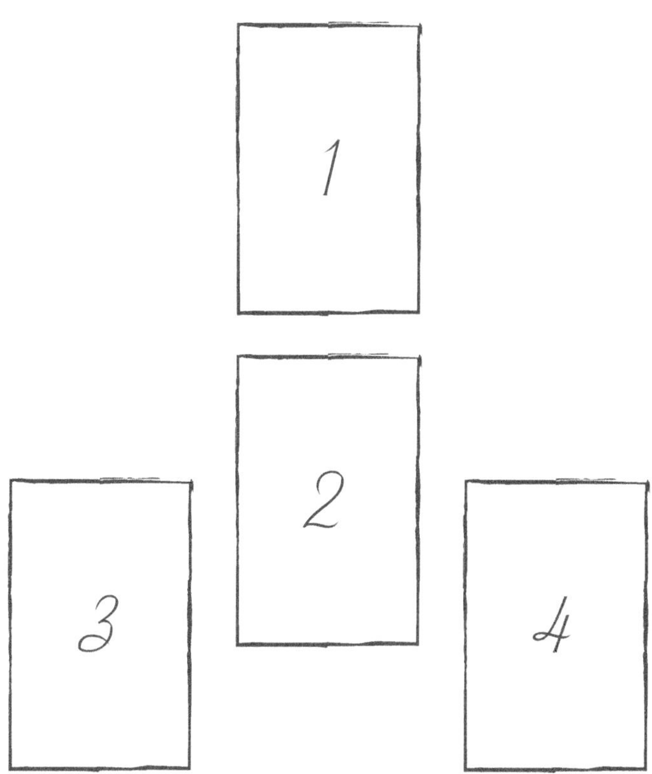

1. Wat staat ons in de weg?

2. Hoe kunnen mijn project en ik de weg terug naar elkaar

vinden?

3. Welke les kan hieruit getrokken worden?

4. Hoe kunnen toekomstige conflicten worden voorkomen?

17

MOET IK BLIJVEN OF GAAN?

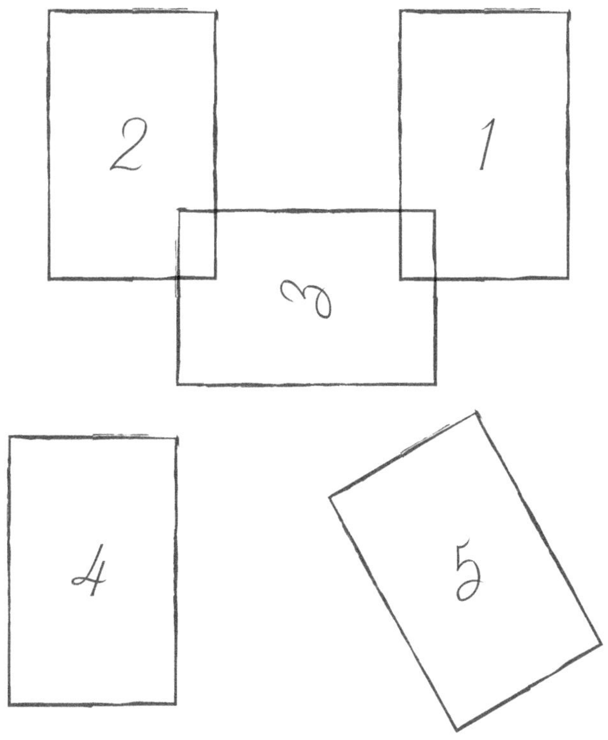

1. Waar bevind ik mij momenteel?

2. Waar bevindt mijn project zich?

3. Wat gebeurt er wanneer ik (voor nu) blijf?

4. Wat gebeurt er wanneer ik (voor nu) ga?

5. Wat moet ik in het algemeen weten over dit project?

18

STRIKJE EROM EN KLAAR

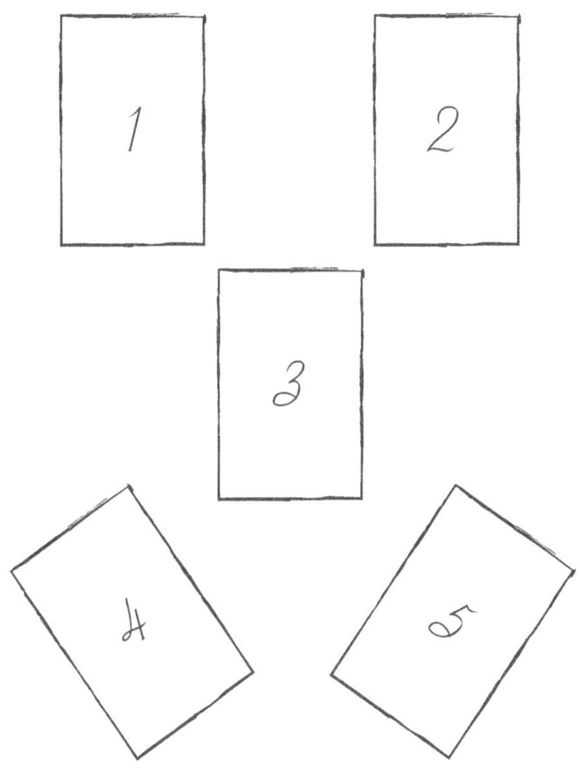

1. Hoe ver ben ik met dit project?

2. Is er nog iets rondom dit project dat nog steeds mijn aandacht

nodig heeft?

3. Welke stap kan ik nemen om dit project te voltooien?

(Trek meer kaarten wanneer nodig.)

4. Hoe weet ik wanneer het tijd is om door te gaan naar het

volgende project?

5. Wat moet ik nog meer weten over het afronden van dit project?

19

HOE GAAT HET NU VERDER MET MIJ?

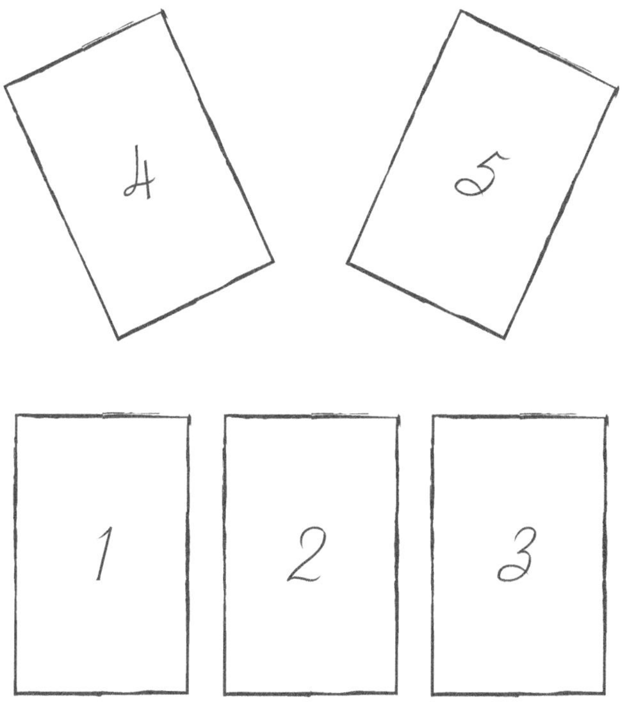

1. Waar kom ik vandaan?

2. Waar ben ik nu?

3. Welke lessen heb ik geleerd?

4. Waar ga ik nu heen?

5. Is dat op dit moment de juiste richting voor mij?

20

HOE GAAT HET NU VERDER MET DIT PROJECT?

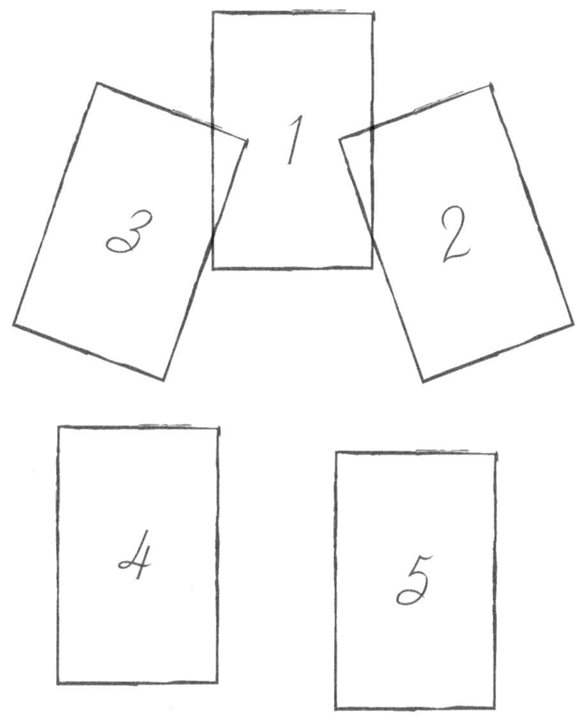

1. Welke richting gaat dit project op?

2. Wat weet ik over deze richting?

3. Wat weet ik niet over deze richting?

4. Wat moet ik overwegen met betrekking tot deze richting?

(Trek tot drie kaarten.)

5. Wat moet ik nog meer in mijn achterhoofd houden met

betrekking tot dit project?

21

DE KUNSTENAARSLEGGING

1. Wat inspireert mij?

2. Wat voedt mijn ziel?

3. Hoe blijf ik geïnspireerd?

4. Wat zijn mijn sterke punten als creatief? (1)

5. Wat zijn mijn sterke punten als creatief? (2)

6. Wat zijn mijn zwakke punten als creatief? (1)

7. Wat zijn mijn zwakke punten als creatief? (2)

8. Wat moet ik weten over mijn creatieve praktijk?

9. Wat moet ik weten over mijzelf als creatief?

Laat je een recensie achter?

Auteurs zijn nergens zonder eerlijke recensies en ik zou het dan ook erg waarderen als je er een achterlaat op Goodreads, mijn Facebookpagina facebook.com/mswordsmith of waar je dit boek hebt aangeschaft.

The Creative Cardslingers

Word nu lid van mijn besloten Facebook groep The Creative Cardslingers (wachtwoord **AMETHYST**;) en ontmoet andere creatieve kaartlezers, probeer mijn nieuwste kaartleggingen als eerste uit en blijf op de hoogte van alle creatieve projecten waar ik mee bezig ben. De voertaal is Engels.

WIL JE MEER?

Ga dan naar mswordsmith.nl/starterkit voor mijn gratis Engelstalige Get Out of Your Own Way Starter Kit.

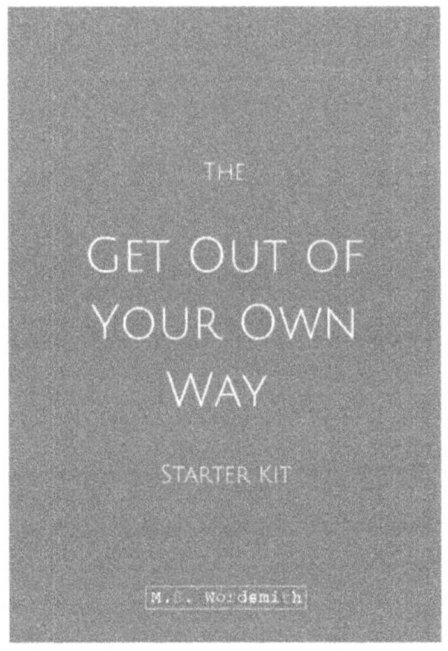

De Get Out of Your Own Way Starter Kit bevat vier verschillende *tools*:

- een oefening rondom beperkende overtuigingen,
- een maandelijks werkblad voor het bijhouden van doelen en reflectie,
- een meditatie over het loslaten van beperkende overtuigingen,
- een tarotlegging over creatieve hindernissen (uit *Tarot for Creatives*),

en is helemaal van jou bij aanmelding voor mijn nieuwsbrief.

OVER MIJ

Ik coach schrijvers en andere creatievelingen, ben redacteur, schrijver, intuïtief healer en organiseer op maat gemaakte (schrijvers)retreats. Alhoewel ik ben geboren in Nederland en aldaar ben opgevoed door mijn Nederlandse moeder en Schotse expatvader, woon ik sinds februari 2019 op het eiland Cyprus in de Middellandse zee.

Op een nieuwe plek zijn zorgt er vaak voor dat je dingen anders gaat zien. Je staat open voor andere perspectieven en je loopt plots over van nieuwe ideeën. Of oude ideeën die je nooit echt serieus wilde nemen vragen opeens alle aandacht.

Het spirituele toevoegen aan mijn professionele werk was voor mij een enge stap, omdat ik altijd heb geprobeerd die twee uit elkaar te houden. Ik zeg 'geprobeerd', omdat een behoorlijk aantal van mijn cliënten—en het werk dat zij met zich mee brachten—mij dwongen mijn professionele achtergrond te laten samenvloeien met mijn spirituele interesses. Sommige van hen huurden mij in om hun holistische boeken te redigeren of te vertalen, anderen kwamen naar mij toe om gecoacht te worden en worstelden met iets dat een bredere aanpak nodig had. En dan zijn er nog de tal van schrijvers en andere creatieven die op dit moment openlijk hun spiritualiteit meenemen in hun werk.

De afgelopen jaren heb ik geleidelijk aan het spirituele toegelaten in mijn werk. Dit boek is een van de vele manifestaties daarvan. Het spreekt voor zich dat ik hoop dat je enorm veel plezier aan dit werk zal beleven en er alles uit weet te halen wat je nodig hebt.

CONTACT

Wil je in contact komen? Er zijn verschillende manieren om en plekken waar je mij kunt vinden:

mswordsmith.nl

marielle@mswordsmith.nl

instagram.com/mariellessmith

facebook.com/mswordsmith